Sophia and Alex *Make Friends at School*

Zosia i Aleks *Poznają Przyjaciół w Szkole*

By Denise Bourgeois-Vance
Illustrated by Damon Danielson

Children Bilingual Books

Book 2 of 11 from the "Sophia and Alex" Series

"To all the wonderful agencies around the world striving each day to help our children stay protected and healthy"

Published 2024 by Advance Books LLC Renton, WA
Printed in the United States of America

ISBN: 979-8-89154-359-1

Sophia and Alex Go to Preschool
Summary: Details of Sophia and Alex's first day of preschool

Address all inquiries to:
Advance Book LLC
service@childrenbilingualbooks.com
For book orders visit: childrenbilingualbooks.com

English copy editing by Jen Lyons

Cover and interior design by Marcia Danielson

Sophia and Alex have many friends at school. They spend each school day learning, singing, eating, and playing together.

Zosia i Aleks mają w szkole wielu przyjaciół. Spędzają każdy dzień w szkole, ucząc się, śpiewając, jedząc i bawiąc się razem.

"This is my brother, Alex," Sophia tells her new friend Anika.

"To mój brat, Aleks" - mówi Zosia do swojej nowej przyjaciółki Aniki.

Some friends come from faraway places. It's fun learning about the places friends were born and the languages they speak.

Niektórzy przyjaciele pochodzą z odległych miejsc. Fajnie jest uczyć się o miejscach, w których urodzili się przyjaciele i o językach, którymi mówią.

Sophia's friend Sara is from Somalia and speaks Arabic and English. Sophia loves the beautiful headscarf Sara wears to school.

Przyjaciółka Zosi, Sara, pochodzi z Somalii i mówi po arabsku i angielsku. Zosia uwielbia piękną chustę, którą Sara nosi do szkoły.

Juan is one of Alex's best friends. Juan speaks Spanish at home and mostly English at school. Alex likes learning Spanish words from his friend.
"Hola!" says Alex.

Juan jest jednym z najlepszych przyjaciół Aleksa. Juan mówi po hiszpańsku w domu i głównie po angielsku w szkole. Aleks lubi uczyć się hiszpańskich słów od swojego przyjaciela.
"Hola!" mówi Aleks.

Alex chooses to sit between Juan and Willie during circle time. Even though Willie is a thinker more than a talker, Alex likes that Willie is his friend.

Aleks decyduje się usiąść między Juanem i Williem podczas zajęć w kręgu. Mimo że Willie jest bardziej myślicielem niż mówcą, Aleksowi podoba się, że Willie jest jego przyjacielem.

Zari reminds Sophia to raise her hand before talking by showing her how it's done. Friends are courteous with each other, just as they are with their teacher.

Zari przypomina Zosi o podniesieniu ręki przed rozpoczęciem rozmowy, pokazując jej, jak to się robi. Przyjaciele są wobec siebie uprzejmi, tak samo jak wobec nauczycielki.

Alex enjoys playing outside with his classmates. Willie bounces the ball to Alex who bounces it to Shan. They all take turns bouncing the big red ball.

Aleks lubi bawić się na zewnątrz z kolegami z klasy. Willie odbija piłkę do Aleksa, który odbija ją do Shan. Wszyscy na zmianę odbijają dużą czerwoną piłkę.

"Gentle hands and feet," Miss Anna reminds the children on the playground.

"Delikatne dłonie i stopy" - pani Anna przypomina dzieciom na placu zabaw.

Anika invites Sophia and Sara to run with her.
“Catch me if you can!” shouts Anika as she runs away.

Anika zaprasza Zosię i Sarę, by pobiegły z nią.
“Złap mnie, jeśli potrafisz!” krzyczy Anika, uciekając.

“Look, we’re playing soccer,” says Alex.
Their friend Takota is ready to play too.
“Kick the ball to Takota,” Juan says to Alex.

“Patrzcie, gramy w piłkę nożną”, mówi Aleks.
Ich przyjaciel Takota też jest gotowy do gry.
“Kopnij piłkę do Takoty”, mówi Juan do Aleksa.

Sophia runs around the slide with Anika and their friend Emma.

Zosia zjeżdża ze zjeżdżalni z Aniką i ich przyjaciółką Emmą.

“Look out!” shouts Sophia. Smack! Sara slides right into Emma. “Accidents happen,” explains Miss Anna, “so you must be super careful running on the playground.”

“Uważajcie!” krzyczy Zosia. Klaps! Sara wpada prosto na Emmę. “Wypadki się zdarzają”, wyjaśnia pani Anna, “więc musicie być bardzo ostrożni biegając po placu zabaw”.

Alex wants to ride a tricycle, but all of them are being used.
"Can I please have a turn?" asks Alex.
Takota nods, "Okay Alex. One more minute."

Aleks chce pojeździć na trójkołowym rowerze, ale wszystkie są używane.
"Czy mogę dostać swoją kolej?", pyta Aleks.
Takota kiwa głową: "Dobrze Aleks. Jeszcze minutę."

In the meantime, Alex decides to play in the sandbox with Sophia, Emma, and Anika. They all work together to dig a big hole with shovels and pails.

W międzyczasie Aleks postanawia pobawić się w piaskownicy z Zosią, Emmą i Aniką. Wszyscy razem kopią duży dół za pomocą łopatek i wiaderek.

After playtime, Miss Anna asks the children to help pick up the toys on the playground.

Po zabawie pani Anna prosi dzieci, aby pomogły pozbierać zabawki na placu zabaw.

Shan and Adam work together to make sure all the toys are put neatly into the box by the door.

Shan i Adam pracują razem, aby upewnić się, że wszystkie zabawki są starannie ułożone w pudełku przy drzwiach.

Miss Anna counts the students before going back into the classroom so that all friends are kept safe.

Pani Anna liczy uczniów przed powrotem do klasy, aby wszyscy przyjaciele byli bezpieczni.

“Today we have 17 friends and 2 teachers,” says Miss Anna.

“Dziś mamy 17 przyjaciół i 2 nauczycieli” - mówi pani Anna.

During choice time, Sophia builds a block tower. Sara's friend Shan helps build the tower. Shan is now Sophia's friend too.

W czasie wyboru Zosia buduje wieżę z klocków. Przyjaciółka Sary, Shan, pomaga jej zbudować wieżę. Shan jest teraz także przyjaciółką Zosi.

Miss Anna teaches the children to use their words when playing with others.
“May I have a turn, please?” Sophia asks Sara.

Pani Anna uczy dzieci używania słów podczas zabawy z innymi.
“Mogę dostać kolejkę, proszę?” Zosia pyta Sarę.

Alex likes to look at books and so do his friends Jade and Zari.
"Look at the big fluffy dog!"
Jade shows Alex and Zari. "His tongue looks silly."

Aleks lubi oglądać książki, podobnie jak jego przyjaciele Jade i Zari.
"Spójrzcie na tego wielkiego puszystego psa!" J
ade pokazuje Aleksowi i Zari. "Jego język wygląda śmiesznie".

“My mom says I have to ask before I pet a dog,” says Zari. “Some dogs are friendlier than others.”

“Moja mama mówi, że muszę zapytać, zanim pogłaszczę psa” - mówi Zari. “Niektóre psy są bardziej przyjazne niż inne”.

At the end of the day, the students put on their jackets. Sam and Zari belong to the Zipper Club. The Zipper Club helps friends zip up their jackets.

Pod koniec dnia uczniowie zakładają kurtki. Sam i Zari należą do Klubu Zamka. Klub Zamka pomaga przyjaciołom zapinać kurtki.

Sophia and Alex are still learning about zippers.
“I can help you zip up your jacket,” says Sam.
Zari helps Sophia as Isabella patiently waits her turn.

Zosia i Aleks wciąż uczą się o zamkach błyskawicznych.
“Pomogę ci zapiąć kurtkę”, mówi Sam.
Zari pomaga Zosi, podczas gdy Isabella cierpliwie czeka na swoją kolej.

Friends help each other.
“Thanks for helping me with my jacket,” Alex says to Sam.

Przyjaciele pomagają sobie nawzajem.
“Dzięki za pomoc z kurtką”, mówi Aleks do Sama.

Sophia and Alex's mother walks in with Isabella and Juan's mother.
"I guess moms can be friends too," says Alex.

Mama Zosi i Aleksa wchodzi z mamą Isabelli i Juana.
"Myślę, że mamy też mogą być przyjaciółkami" - mówi Aleks.

“Mom, can we please plan a play date with Isabella?” pleads Sophia.
“Please, please, can we?”

“Mamo, czy możemy umówić się na zabawę z Isabellą?” - błaga Zosia.
“Proszę, proszę, możemy?”

Both mothers agree. Isabella will go to Sophia and Alex's house on Saturday to play. Isabella's brother Juan will also join them.

Obie mamy się zgadzają. Isabella pójdzie do domu Zosi i Aleksa w sobotę, aby się pobawić. Dołączy do nich również brat Isabelli, Juan.

The children smile and say goodbye to one another.
"Adiós," says Alex to Juan.
"Saturday is going to be a fun day!" Sophia assures Isabella.

Dzieci uśmiechają się do siebie i żegnają.
"Adiós", mówi Aleks do Juana.
"Sobota będzie fajnym dniem!" Zosia zapewnia Isabellę.

www.ingramcontent.com/pod-product-compliance
Lightning Source LLC
LaVergne TN
LVHW070305250826
846485LV00047B/1037

9798891543591